Investire in Borsa per Principianti e Inesperti

Di: Giovanni Rigters

Sommario

Dichiarazione di esclusione di responsabilità

Introduzione

È ora di prendere sul serio la tua vita finanziaria e iniziare a pensare al futuro. Nessuno può ne dovrebbe lavorare per tutta la vita; vuoi ancora goderti la vita, trascorrere del tempo di qualità con la tua famiglia e il tuo fisico non ti permetterà di lavorare per sempre. Inoltre, al giorno d'oggi non si può fare affidamento su una pensione come nei "buoni vecchi tempi".

Quindi, spetta a te e a nessun altro fare i passi per costruire la tua ricchezza. Il processo non è difficile, ma dovrai prestare attenzione e passare un po' di tempo a imparare ad investire. Non c'è modo di aggirarle questo passaggio. .

Ci sono molti modi in cui puoi investire e ci sono molti conti di investimento diversi sul mercato, ma non è troppo difficile o complicato destreggiarsi nella giungla degli investimenti. È anche molto probabile che inizierai a divertirti e a portare questa attività al livello successivo investendo in singole aziende.

Prima di tutto, dobbiamo iniziare con le basi di cosa sono le azioni e qual è il mercato azionario. Approfondiremo come guadagnare e cosa fare in caso di crollo del mercato. Poi vedremo alcuni malintesi ed errori comuni che le persone commettono in Borsa. Quindi, seguimi attraverso questa giungla sulla via del paradiso.

Capitolo Primo: Cosa Sono Le Azioni? Il Modo Più Semplice Per Diventare Ricchi!

Un'azione è semplicemente una porzione di una società. Un'azione rappresenta una proprietà ed è un titolo che è possibile acquistare. Le persone che possiedono queste azioni sono chiamate azionisti.

Vediamo un esempio. Se tu e la tua famiglia mangerete una torta o una pizza che ha 8 fette, tutti avranno almeno un pezzo o una fetta. Delle otto fette, tu ne prendi solo una mentre tuo padre ne prende due.

Tu possiedi un/ottavo ovvero il 12.5% della pizza mentre tuo padre ha due/ottavi ovvero il 25%.

Le società funzionano allo stesso modo, solo che invece di 8 azioni, potrebbero avere milioni o addirittura miliardi di azioni

McDonalds ha 797 milioni di azioni in circolazione. Walmart ha 2,9 miliardi e Facebook ha 2,3 miliardi di azioni in circolazione.

Azioni in circolazione è un termine utilizzato per determinare l'importo totale delle azioni della società sul mercato azionario per gli azionisti da acquistare e vendere tra loro. Gli azionisti possono essere persone o diversi tipi di istituzioni.

Inoltre, non sei limitato dalla geografia quando investi, perché puoi acquistare azioni da aziende di tutto il mondo. Quindi, se vuoi acquistare azioni da società nei Paesi Bassi o persino in Brasile, puoi farlo.

Una cosa a cui devi prestare attenzione è che vi sono due tipi di azioni sul mercato, azioni di crescita e azioni di reddito.

Le Società che vedono il prezzo delle loro azioni salire rapidamente - come le società tecnologiche – consistono in titoli in crescita, ad esempio Facebook e Twitter. Si tratta di Società in rapida crescita e qualsiasi reddito essi producano viene riportato in azienda per un'ulteriore crescita ed espansione.

Le azioni a reddito, le mie preferite, sono azioni che pagano periodicamente ai loro azionisti un dividendo. Questo di solito è trimestrale, ma potrebbe anche essere mensile, semestrale o annuale.

Le società che possono permettersi di pagare il reddito dei propri azionisti sono grandi società consolidate, come Procter & Gamble o Pepsi.

Ci sono vantaggi nel possedere sia azioni di crescita che di reddito. I titoli di crescita hanno il potenziale per aumentare rapidamente il loro valore, ma sono anche più volatili e rischiosi. Le azioni a reddito, d'altra parte, forniscono un flusso coerente di reddito da dividendi, ma il titolo stesso potrebbe non accrescere in valore con la stessa rapidità di uno in crescita.

Per questi due tipi di azioni, ci sono anche due diversi tipi di investitori, investitori in crescita e investitori di valore.

Gli investitori in crescita adorano vedere accrescere il valore del prezzo delle azioni, chiamato anche guadagno capitale. Sono anche più disposti ad assumersi maggiori rischi per una ricompensa maggiore.

Agli investitori di valore piace analizzare le metriche e i numeri di una società e sono disposti ad aspettare fino a quando non sia il momento giusto per acquistare azioni in una società. Gli investitori di valore sono bravi a scoprire grandi società che siano performanti in modo coerente e che probabilmente rimarranno tali anche in futuro in base al prodotto o ai servizi che vendono sul mercato in cui si trovano.

Potresti pensare che per iniziare ad acquistare azioni devi avere un sacco di soldi o essere un milionario. Questo non è affatto vero, puoi iniziare semplicemente acquistando una quota in una società.

Mentre scrivo questo, ho visto che il titolo Nike viene venduto a $60, Coca-Cola a $46 e Twitter a $21. Ora, questa non è un'approvazione per farvi acquistare queste tre azioni. È solo un esempio che non è necessario spendere migliaia di dollari per andare avanti.

Ora, con la definizione noiosa ma completa, diamo un'occhiata a come le persone si arricchiscono con le azioni.

I quattro modi principali in cui le persone possono diventare ricche sono:

- plusvalenza
- dividendi
- vendita allo scoperto
- negoziazione di opzioni

Le ultime due opzioni richiedono un po' di abilità e lavoro e non sono passivi come i primi due.

Le plusvalenze si presentano quando le tue azioni guadagnano valore. La bellezza di questo è che non si esegue alcun lavoro fisico ed è tutto passivo.

Supponiamo che tu abbia acquistato 10 azioni della Coca-Cola da $ 46 martedì, quindi le tue azioni valgono $ 460. Venerdì le azioni sono scese a 52 dollari.

Le tue azioni **(capitale)** sono appena aumentate **(guadagno).** Il tuo investimento ora vale $ 520.

Quindi, il tuo capitale è aumentato di $ 60. Ora, se tu dessi 100 o anche 1000 azioni, quell'aumento di $ 6 sarebbe migliore ancora.

Con i dividendi si ottiene ricchezza acquistando costantemente azioni che pagano dividendi, reinvestendo quei dividendi e si trae vantaggio anche dagli aumenti dei dividendi da parte delle società stesse.

Con i dividendi, è più un effetto **palla di neve**. All'inizio il tuo reddito è basso, ma con il tempo aumenta esponenzialmente permettendoti di vivere del tuo reddito da dividendo senza che tu abbia mai dovuto vendere le tue azioni.

Investire per diventare ricchi e facoltosi dovrebbe essere il tuo obiettivo a lungo termine.

Capitolo Secondo: Cos'è il Mercato degli Investimenti

Il mercato azionario è come qualsiasi altro mercato in cui acquirenti e venditori si riuniscono per scambiare beni o servizi.

Pensa al mercato dell'auto. Tu sei l'acquirente interessato ad acquistare una nuova auto rossa. Ti dirigerai verso la concessionaria di auto dove ti accoglieranno venditori desiderosi. Ti mostreranno gli ultimi modelli di auto e dopo la contrattazione, ti convincono a mettere giù del denaro in cambio di una nuova auto.

Il mercato azionario o la borsa funzionano allo stesso modo, ma invece di avere l'auto come prodotto, parliamo di quota di azioni.

Le due borse più note del Nord America sono la Borsa di New York e il NASDAQ. È su questi mercati azionari che puoi acquistare azioni di società come Snapchat, Apple e Starbucks.

Una delle principali differenze tra la Borsa di New York e il NASDAQ è che la Borsa di New York offre trading tradizionali mentre il NASDAQ è elettronico.

Il trading tradizionale è un trading faccia a faccia in cui acquirenti e venditori di azioni sono sul piano del trading eseguendo ordini. Sul NASDAQ tutti gli ordini avvengono elettronicamente attraverso computer e telefoni.

Molte piccole società possono essere scambiate al banco o **OTC**. È qui che gli investitori possono acquistare e vendere azioni.

In passato, i mercati azionari erano disponibili solo per i ricchi e facoltosi. Ma da quando le porte sono state aperte alla gente comune, questo è stato uno dei principali mezzi per produrre ricchezza.

Ci sono state molti periodi della storia in cui il mercato è crollato e le persone hanno finito per perdere tutto o la maggior parte dei loro soldi. Un crollo del mercato azionario colpisce con la paura nel cuore di molti azionisti perché molti azionisti hanno il loro pensionamento e la loro ricchezza investiti in borsa.

Perché il mercato fluttua e crolla ogni due anni? Per una spiegazione, dobbiamo considerare sia a breve che a lungo termine.

Le fluttuazioni a breve termine del mercato potrebbero essere innescate da qualsiasi cosa, come la speculazione degli azionisti, le cattive notizie su un settore, i cambiamenti nelle politiche governative, le aziende che incontrano o superano i loro obiettivi previsti e l'elenco continua.

Ricordo che nel 2006 o nel 2007 ci fu un noto fast food a New York costretto a chiudere perché il posto aveva un problema di infestazione da topi.

Anche dopo che venne chiuso, si potevano vedere i giganteschi topi di New York City correre avanti e indietro all'interno del ristorante.

Cattive notizie come questa hanno fatto impazzire gli azionisti e la società ha visto un calo del loro prezzo delle azioni.

Dopo qualche tempo, il prezzo del titolo è risalito. Probabilmente sai già di quale ristorante si stia parlando, ma se non ti limiti a fare solo una rapida ricerca online, meglio ancora usare YouTube.

Le fluttuazioni del mercato azionario sono influenzate dal ciclo di mercato in cui ci troviamo. Durante i periodi di prosperità, il mercato azionario si trova in un mercato rialzista, il che significa una tendenza al rialzo.

In tempi di difficoltà economiche e incertezza, il mercato azionario tende ad essere in un mercato ribassista, che ha dunque una tendenza al ribasso.

Oltre ad acquistare azioni è anche possibile acquistare fondi comuni di investimento, obbligazioni, opzioni, materie prime, fondi indicizzati ed ETF sul mercato.

Le società in Borsa sono tutte società quotate. Ciò significa che queste società devono essere trasparenti con i loro azionisti sulle loro attività commerciali.

Devono anche presentare rapporti trimestrali chiamati 10Q e rapporti annuali chiamati 10K insieme a una relazione annuale.

Per essere quotata in borsa, una società privata sul mercato primario passa al pubblico attraverso **un'offerta pubblica iniziale** che consente di acquistare e vendere le sue azioni sul mercato secondario, ovvero il mercato a cui gli investitori abituali come me e te hanno accesso.

Una società fa soldi solo durante l'OPI, vendenco le sue azioni al pubblico. È quindi nelle mani degli azionisti che possono vendere e comprare tra loro.

Naturalmente, una società continua ad essere proprietaria della maggior parte delle proprie azioni e può riacquistarsi azioni se ne ha vantaggio dal punto di vista finanziario o commerciale.

Con tutti i diversi rischi coinvolti nel mercato azionario, molte persone investono lo stesso, perché a lungo termine si è dimostrato essere una grande fonte di ricchezza.

Capitolo Terzo: Come Acquistare Azioni

Prima di correre ad acquistare una o più azioni, è necessario avere un obiettivo da raggiungere.

Hai deciso di investire per la pensione? Vuoi comprare azioni perché pensi di poter fare soldi in fretta? O forse vuoi solo bagnarti i piedi e fare solo un po' di esperienza.

Rispendere alla domanda in modo ponderato su quale sia il tuo obiettivo, determinerà quale tipo di investitore sarai, di quali somme avrai bisogno e per quanto tempo dovresti trattenere le azioni che stai pianificando di acquistare.

Rispondere a questa domanda determinerà anche se sei un investitore a breve o a lungo termine.

Agli investitori a breve termine piace acquistare e vendere frequentemente entro lo stesso giorno o un paio di settimane. Questi trader sono chiamati day trader e swing trader. Questi investitori cercano di guadagnare velocemente acquistando vendite basse e vendendo vendite elevate o allo scoperto. Sono nei loro conti di investimento ogni singolo giorno in il mercato azionario è aperto, alla ricerca di opportunità per realizzare un profitto.

Gli investitori a lungo termine hanno un approccio diverso. Tengono d'occhio le prestazioni delle loro azioni. Ma prendono l'approccio a lungo termine di acquistare azioni da trattenere per 5, dieci o molti altri anni. Se volessi investire per la pensione, adotterei quest'ultimo tipo di approccio.

Dovresti anche chiederti quanto rischio sei disposto ad assumerti nell'acquisto di azioni. Il mercato azionario può essere molto volatile e potresti perdere svariate somme di denaro se non si fa abbastanza attenzione.

Se sei un giovane investitore con delle somme a disposizione con cui giocare e non ti dispiace il lungo e il breve termine del mercato, allora puoi assumerti una buona dose di rischio.

Ma se sei vicino alla pensione e vuoi preservare e far crescere il tuo capitale, allora dovresti essere più cauto nell'investire e acquistare azioni.

È anche una buona idea parlare con un consulente finanziario o un pianificatore finanziario.

Per iniziare ad investire è necessario un conto investimenti. Questo account ti dà accesso all'acquisto e alla vendita di titoli chiamate anche azioni. Esistono molti tipi di conti sul mercato, ma i più importanti sono il 401k, l'IRA, il Roth IRA, il conto di intermediazione tradizionale, il 403b e il conto di risparmio per l'istruzione, chiamato anche ESA.

Il 401k e il 403b sono disponibili solo tramite il tuo datore di lavoro se decidono di iscriversi a questi account. Le aziende offrono anche una certa percentuale o un importo in dollari per motivare i loro dipendenti a partecipare ai piani. C'è un limite, tuttavia, a quanto si può contribuire a un 401k o 403b.

L'IRA, ovvero il conto pensionistico individuale, e l'IRA Roth sono entrambi conti pensionistici i quali è possibile creare con una società di investimento, una banca o un'unione creditizia.

Nelle differenze tra l'IRA e 401k abbiamo gli importi limite, la corrispondenza aziendale e la selezione delle opzioni di investimento. Gli IRA e gli IRA Roth hanno sempre un limite inferiore rispetto ai 401k, gli IRA non offrono nemmeno una corrispondenza di contributo aziendale.

Gli IRA e gli IRA Roth si distinguono nel permetterti di investire in quello che vuoi. Investire attraverso un 401k è sempre limitato da ciò che la società ha scelto per i suoi dipendenti, che siano fondi pensione a data di scadenza, una selezione limitata di fondi comuni di investimento ovvero fondi indicizzati e nessun singolo titolo tra cui scegliere a meno che la società non consenta di acquistare parte dei propri titoli.

Inoltre, non è necessario scegliere tra la configurazione di un 401k o IRA, perché è consentito avere entrambi.

401k e IRA ti penalizzano se prelevi le tue somme prima di avere 59 anni e mezzo. Ti colpisce la penalità del 10% e molto probabilmente dovrai pagarci anche le tasse.

È qui che vengono i conti di intermediazione tradizionali. Il conto di intermediazione ti consente di prelevare i tuoi soldi in qualsiasi momento, ma pagherai comunque le tasse sulle tue plusvalenze e dividendi, senza essere colpiti dalla penalità del 10%.

Con tutti i diversi tipi di account sul mercato potrebbe essere difficile sceglierne uno per iniziare, quindi lascia che ti dica cosa ho fatto io. In primo luogo, mi sono iscritto al 401k e ho ottenuto il mio match aziendale, poi ho aperto un Roth IRA con un broker e poi ho aperto un conto di intermediazione tradizionale. Non dimenticare che non sei limitato dal numero di conti di investimento che puoi avere.

Alcune delle migliori società di intermediazione sono:

- Ally
- E-Trade
- TD Ameritrade

Anche l'apertura di un account è davvero facile. Basta andare sul sito web di investimento e fare clic sul pulsante "Apri account" o puoi anche chiamarli e ti aiuteranno con entusiasmo ad aprire il tuo account.

Per acquistare azioni, è necessario conoscere il simbolo ticker della società in cui si desidera acquistare azioni. Il simbolo ticker è l'abbreviazione unica della società in Borsa, ad esempio, la Pepsi Company si trova sotto il simbolo ticker **PEP**, Amazon è **AMZN** e Walt Disney è **DIS**.

Una volta che conosci il simbolo ticker sei pronto a scoprire qual è il prezzo di un'azione e quante ne vuoi acquistare. Vai sul tuo conto di intermediazione e accedi, passa alla tua opzione di trading e digita il numero di azioni che vuoi acquistare.

Nel mio esempio seguente, stiamo cercando di acquistare 5 azioni Coca-Cola. Ora devi scegliere il tuo tipo di ordine. Andiamo avanti e scegliamo l'ordine di mercato, il che significa che compreremo il titolo a qualsiasi prezzo sia attualmente sul mercato.

Action	Shares	Symbol	Price
◉ Buy ○ Sell ○ Sell Short ○ Buy to Cover	5	KO 🔎 Find Stock Symbol Preferred Stock Format	◉ Market ○ Limit ○ Stop ○ Stop Limit ○ Market on Close
		Advanced Orders: [　　　　　　　　　▼]	

Preview Order
Disable Preview Step

Quindi verifica l'anteprima del tuo ordine in cui puoi vedere cosa stai acquistando, quante azioni, qual è la tua commissione, il che significa la tua commissione di trading e il totale del tuo ordine.

Please Review Your Order Carefully

Account: 38721198 - Individual Account   As of 01/19/19 9:46 PM ET

Action	Amount	Symbol	Description	Price	Duration	Qualifiers	
Buy	5 Shares	KO	COCA-COLA CO (THE)	Market	Day Order	None	Modify

Estimated Commission: $4.95
Estimated Order Total: $237.90

Place Order

Clicca su avvia l'ordine e se fai trading durante le ore normali, dal lunedì al venerdì ad esempio alle 9:30 a.m., ora orientale, il tuo ordine verrà eseguito immediatamente e il tuo conto di trading si aggiornerà con le azioni che hai appena acquistato.

Quindi, questo è un processo abbastanza semplice. Tuttavia, l'importante è acquistare azioni al momento giusto esaminando sia l'analisi tecnica che quella fondamentale di un'azienda.

18

Capitolo Quarto: Il Mercato Crollerà! Ecco Cosa Fare

Un crollo del mercato azionario si verifica quando c'è un drastico e rapido calo dei prezzi delle azioni in molti settori. Questo declino avviene rapidamente in pochi giorni o può richiedere del tempo prima di colpire il fondo, per così dire. Questo calo è così significativo che i mercati azionari finiscono per chiudere presto per evitare che i prezzi delle azioni diminuiscano ulteriormente.

Una correzione del **mercato azionario** non deve essere confusa con un crollo. Una correzione avviene quando il mercato è stato sopravvalutato e deve essere rettificato scendendo alla rispettiva valutazione. Le correzioni di mercato si verificano spesso e di solito non dura molto a lungo, perché quando sono state riadattate, tutto torna alla normalità.

Un incidente, tuttavia, è quando tutto l'inferno si scatena e il cielo sta cadendo. Sentirete giornalisti predicare la fine del mondo e vedrete i politici incolpare l'uno dell'altro le politiche che hanno portato allo schianto.

Un crollo del mercato azionario può essere influenzato da molti eventi: come una depressione economica o una recessione, l'instabilità nei paesi e le speculazioni degli azionisti che fanno salire le azioni così tanto da formare una bolla.

Questo è puramente emotivo e tutta la logica è fuori dalla finestra. La bolla finisce sempre per scoppiare e gli azionisti iniziano a vendere in preda al panico. Quando ciò accade, è necessario mantenere la calma, naturalmente; se ti fai prendere dal panico commetterai errori.

La prima cosa da ricordare è che abbiamo avuto dei precedenti in passato. Ognuno diverso, ma alla fine siamo riusciti a riprenderci.

Se sei un investitore a breve termine, questo è il momento giusto per iniziare le **vendite allo scoperto**, che consiste nell'operazione di prendere in prestito azioni, venderle al prezzo di mercato più alto, riacquistarle a un prezzo di mercato più basso ed infine restituire quelle azioni in prestito, la differenza è il tuo profitto.

Se sei in pensione o sei vicino alla pensione, i tuoi soldi dovrebbero essere in attività a reddito fisso in modo più sicuro, così da non sentire troppo la pressione. Sto parlando di attività come obbligazioni, contanti, conti del mercato monetario, conti di risparmio e rendite.

Solo una piccola percentuale deve essere presente nelle azioni. Se sei un investitore a lungo termine, continua ad attenerti alla tua strategia di investimento di acquistare costantemente investimenti settimanali, bisettimanali o persino mensili.

Quello che stai facendo è chiamato **media del costo del dollaro**. Questo accade quando investi periodicamente un importo fisso in dollari per acquistare investimenti. Se stai investendo attraverso il tuo datore di lavoro nel 401k, stai già partecipando alla media del costo in dollari, perché il denaro che viene tolto dal tuo assegno viene investito su base settimanale, bisettimanale o mensile, indipendentemente da ciò che sta accadendo sul mercato.

Il vantaggio di questo è che elimina la parte emozionale perché i tuoi soldi potrebbero essere investiti nei momenti buoni e in quelli meno buoni. Quindi, stai facendo investimenti quando i titoli sono sia costosi che economici, generando così una media.

Il più grande vantaggio da investire durante un crollo del mercato è che è possibile acquistare azioni a buon prezzo. È come andare nel tuo negozio vicino casa e vedere che tutto è in vendita con almeno il 40% di sconto. Quindi, quelle nuove scarpe nere che volevi ora hanno uno sconto del 60%. Il nuovo MacBook che stai cercando di acquistare ... Sconto del 50%.

So che la maggior parte delle persone non ha il coraggio di comprare durante un crollo, questo è quando il tuo piano d'accumulo del capitale diventa un tuo amico tanto importante. Consentirti di acquistare azioni mentre sono al ribasso aumenta anche il tuo interesse composto che è l'interesse che hai ricevuto sul tuo capitale di investimento originale, a cui si aggiunge l'ultimo interesse appena ricevuto.

Quindi, in altre parole, stai maturando interessi sui tuoi interessi.

Mentre tutti intorno a te sono in preda al panico vendendo in perdita e perdendo i loro investimenti, stai tranquillamente acquistando più titoli sul tuo piano di accumulo del capitale e le singole azioni al ribasso a un prezzo accessibile, mantenendole a lungo termine.

In aggiunta, assicurati di mantenere i tuoi titoli che pagano dividendi perché queste società sono per lo più leader di mercato affermati. Quando c'è un crollo tendono a rimbalzare più velocemente rispetto alle azioni non fruttifere, come la maggior parte delle società tecnologiche.

Il dividendo che ricevi da queste società funge anche da cuscinetto per ridurre il colpo del crollo; aziende come McDonald's, Pepsi e Nike hanno continuato a pagare dividendi anche durante il crollo immobiliare del 2008-09.

Diamo un'occhiata a due esempi di crolli del mercato azionario. Il primo esempio è il crollo del 1929 che portò alla Grande Depressione. Diversi banchieri, società di investimento e trader hanno partecipato alla manipolazione dei mercati acquistando grandi porzioni di azioni altamente sopravvalutate e poi vendendole a insospettati investitori al dettaglio. Investitori come me e te.

Poiché queste aziende acquistavano un gran numero di azioni, spingevano costantemente verso l'alto i prezzi delle azioni. I singoli investitori hanno visto i loro prezzi delle azioni salire alle stelle e hanno continuato ad acquistare di più perché non c'era limite, pensavano.

Hanno persino aperto conti **a margine** che permettevano loro di investire con denaro preso in prestito, offerto dalle loro società di intermediazione.

La maggior parte degli investitori istituzionali ha raccolto i propri frutti ed è uscita dal mercato lasciando ai singoli investitori azioni troppo costose.

Quando è avvenuto il declino, tutto è andato veloce. Non solo le persone hanno perso denaro, perché sono state colpite dalla **richiesta di margine** di restituire il denaro che hanno preso in prestito, ma hanno anche perso il lavoro, le risorse pensionistiche (anch'esse ovviamente investite in borsa), e molte persone hanno perso la testa.

Il secondo crollo a cui daremo un'occhiata è quello della Dotcom dei primi anni 2000. La bolla Dotcom si basava **esclusivamente sulla speculazione**. Internet era quel nuovo oggetto sfavillante di cui tutti volevano un pezzo. Tutti, inclusa la nonna, hanno provato a creare un sito Web e poi a scambiarlo sul mercato secondario attraverso un IPO.

Molte di queste aziende non hanno mai potuto realizzare un profitto o erano per lo più in rosso, ma alle persone non importava, i siti Web sono stati valutati da quanti clic hanno ricevuto o quante visualizzazioni potevano generare, invece di utilizzare metodi di valutazione tradizionali, come entrate e spese.

Al culmine della bolla, tutto è crollato come un castello di carte. Molte startup hanno ricevuto milioni in fondi di capitale iniziale con l'impossibile compito di diventare grandi se non più grandi dei giganti della tecnologia di quei giorni come Microsoft, Apple e Oracle.

Capitolo Quinto: Come Guadagnare nel Mercato degli Investimenti

Quindi, vuoi fare soldi facili in Borsa, ma non sai da dove iniziare, come agire o stai cercando di capire come altri investitori di successo stanno guadagnando.

Vedremo i due modi più semplici in cui gli investitori sono stati in grado di diventare ricchi investendo nel mercato azionario. Soprattutto, puoi farlo anche tu. I due modi comuni in cui gli investitori fanno soldi in Borsa sono con plusvalenze e dividendi.

Spiegazione delle Plusvalenze

Quando hai investito i tuoi soldi in Borsa, il valore di questo titolo sale e scende. Quando il tuo denaro, chiamato anche capitale, aumenta di valore hai appena ricevuto una **plusvalenza** e quando diminuisce di valore si chiama, l'hai indovinato, una **perdita di capitale.**

Fino a che il tuo denaro viene investito nel mercato azionario, non è **realizzato**. Si realizza solo una volta che vendi le tue azioni.

Diamo un'occhiata a un esempio; decidi di acquistare 100 azioni Nike a circa $ 65. Senza prendere in considerazione le commissioni di trading, hai finito per acquistare $6,500. Questo è anche ciò che vale il tuo capitale azionario Nike.

Passa qualche giorno e decidi di controllare le prestazioni del titolo. Noti che il prezzo delle azioni Nike è sceso da $ 65 a $ 61. Quindi, anche il tuo capitale è diminuito di valore, da $ 6,500 a $ 6,100 per l'esattezza.

Hai perso 400 dollari, che è la tua perdita di capitale. Ma ripensando a questo capitolo bisogna ricordarsi che si tratta di una perdita di capitale non realizzato perché è ancora parcheggiato in Borsa. Decidendo di aspettare qualche giorno in più, il prezzo delle azioni è tornato a $ 65, con la felicità di essere a un punto di pareggio.

Dopo alcuni giorni, raggiunge $ 72. Hai appena sperimentato la tua prima plusvalenza non realizzata e decidi di vendere le tue azioni Nike. Vendi tutte le tue 100 azioni al prezzo attuale delle azioni di $ 72. Quindi, hai appena ricevuto $ 7,200 nel tuo conto in contanti (commissioni di trasferimento non contabili. Vendendo hai trasformato il tuo guadagno non realizzato in una plusvalenza realizzata.

$ 7200 - $ 6500 = $ 700, hai appena fatto rapidamente $ 700 senza fare alcun lavoro fisico.

Ora, devi ancora pagare le tasse sulle tue plusvalenze a seconda del tipo di conto investimenti che stavi utilizzando e della fascia d'imposta sul reddito in cui ti trova.

Questa rapida spiegazione dimostra come trader giornalieri e swing e persino investitori a lungo termine fanno soldi. Analizzano i grafici azionari esaminando indicatori e modelli per decidere quando acquistare e vendere azioni.

Hai fatto rapidamente $ 700 con 100 azioni Nike, ma se avessi acquistato 1000 azioni il tuo profitto sarebbe stato di $ 7,000!

Se hai i soldi da risparmiare, non ti piace correre rischi e avere tempo di inattività sulle mani, potresti guadagnare rapidamente un bel po' investendo sui mercati più rischiosi.

Dividendi

Il secondo metodo più comune che gli investitori fanno è con i dividendi che ricevono dai titoli che appunto pagano dividendi.

Atteniamoci all'esempio dei titoli Nike. Quindi, hai comprato 100 azioni a $ 65, ma invece di vendere per una plusvalenza hai deciso di trattenere quelle azioni per 1 anno. Nike ha effettuato quattro pagamenti di dividendi di $ 0.18 per azione per l'anno. Con le tue 100 azioni, hai ricevuto $ 18 per ogni singolo trimestre o $ 72 in totale.

La cosa grandiosa dei dividendi è che questi pagamenti vengono depositati sul tuo conto in liquidità o puoi anche reinvestirli per acquistare più azioni intere o frazionarie. Anche queste azioni intere e frazionarie finiscono per farti avere dividendi.

Ci sono anche svantaggi per i dividendi. Il denaro che ricavi dai dividendi è per lo più parecchio inferiore rispetto a quello che ricaverai da una plusvalenza. I dividendi sono anche una strategia a lungo termine, non ti rendono ricco velocemente. Inoltre, molte società sono instabili con i loro pagamenti di dividendi. Alcuni suddividono costantemente i loro pagamenti di dividendi e altri smettono completamente il pagamento dei dividendi durante i periodi di difficoltà finanziarie. Alcune società non aumentano mai i loro pagamenti di dividendi o li aumentano dopo anni di pagamento dello stesso importo.

Tuttavia, mi piacciono i titoli che pagano dividendi, ma solo da società specifiche. Faccio ricerche essenziali per capire quali aziende valga la pena di acquistare e analizzo la cronologia dei pagamenti dei dividendi, specialmente durante i periodi di turbolenza economica, perché le aziende che possono ancora pagare un aumento del dividendo durante un crollo del mercato azionario sono società da tenere d'occhio.

Diamo un'occhiata a cinque azioni che pagano dividendi che dovresti avere nella tua lista di controllo.

Numero uno: Nike - Questo rivenditore di abbigliamento atletico vende i suoi prodotti in tutto il mondo con particolare attenzione agli atleti. Tuttavia, il marchio è ancora così immensamente popolare che anche i tipi non atletici possiedono abbigliamento Nike. I più grandi produttori di denaro sono i loro prodotti per calzature, con il loro marchio Jordan di punta che vende sempre come una torta al cioccolato.

Numero due: la Pepsi Company - Molti consumatori pensano che la Pepsi Company possieda solo la bevanda, ma possiedono anche marchi popolari come Frito-Lay e Quaker Foods. La Pepsi Company ha fatto un ottimo lavoro diversificando il suo portafoglio di marchi con beni di consumo di alta qualità.

Numero tre: Coca-Cola – Questa società, che è uno dei marchi più riconosciuti al mondo, possiede molti marchi aggiuntivi oltre all'iconico marchio Coke, come Minute Maid, Vitamin Water e Powerade.

Numero quattro: Rality Income - Questo Real Estate Investment Trust (REIT) ha inquilini come Walgreens, FedEx e LA Fitness. Operano a livello nazionale e sono anche diversificati in molti settori diversi. Pagano anche un dividendo mensile, il che li rende una società di dividendi preferita per molti investitori.

Numero cinque: Fastenal - Questa azienda abbastanza noiosa vende forniture industriali e di costruzione. Anche se Fastenal non è in un settore entusiasmante come la tecnologia, la sostengo per la sua pura coerenza nel fornire valore sia ai suoi clienti che agli azionisti.

Se vuoi investire per il reddito passivo, non guardare oltre le azioni che pagano dividendi.

Parleremo di quali sono i dividendi, perché le società le concedono agli azionisti e ai pro e contro. Alla fine, ti darò quattro grandi azioni con dividendi da mettere nella tua lista di controllo.

I dividendi sono un ottimo modo per guadagnare un reddito costante. Le società versano dividendi ai propri azionisti trimestralmente, ma alcune società versano dividendi mensili, semestrali o annuali.

Quando ricevi un dividendo, viene depositato sul tuo conto in **liquidità** o viene reinvestito per acquistare più azioni intere o frazionarie. Questo è anche chiamato piano di reinvestimento dei dividendi o DRIP.

L'obiettivo finale di una strategia dei dividendi è quella di ricevere pagamenti di dividendi che soddisfino o superino il **reddito da lavoro**. È in questo momento che puoi andare in pensione e vivere di reddito da dividendi senza mai dover vendere le azioni sottostanti.

È anche importante che questi pagamenti di dividendi crescano più velocemente dell'inflazione o mantengano il loro potere d'acquisto.

Hai bisogno di 1 milione di dollari per iniziare a investire in azioni che pagano dividendi? Certo che no. Puoi iniziare semplicemente acquistando una o due azioni in società che pagano dividendi.

Tuttavia, ti aiuterà se hai più soldi da investire perché otterrai di più nel reddito da dividendo. Più azioni possiedi, più dividendi potrai avere.

Ad esempio, la Coca-Cola Company paga un dividendo trimestrale di 37 centesimi, che si somma a un dollaro e 48 centesimi all'anno.

Questo è quello che riceveresti se possedessi solo una quota Coca-Cola, ma se possiedi 100 azioni riceverai $ 148 per l'anno.

Per vedere i tuoi dividendi avere un impatto, ci sono tre cose da prendere in considerazione.

Il numero uno è, ovviamente, l'acquisto coerente di azioni da dividendo. Numero due, i dividendi che ricevi devono essere reinvestiti o utilizzati per acquistare altre azioni che pagano dividendi e il numero tre, le società in cui investi devono far crescere i loro dividendi più velocemente dell'inflazione ogni anno.

Questi tre fattori faranno fruttare notevolmente il tuo reddito da dividendo. Le società che pagano dividendi sono di solito società blue-chip. Si tratta di imprese consolidate e di grandi dimensioni. Sono le migliori aziende del loro settore, aziende come Walmart, 3M e Procter & Gamble.

Poiché queste aziende sono ben consolidate, tendono a non sperimentare la loro crescita, come una startup di successo.

Molte di queste società blue-chip generano parecchia liquidità, che finisce per pagare come dividendo ai loro azionisti.

Gli azionisti chiedono questi dividendi alle società come rimborso per investire e credere nella società, ma la leadership nella società beneficia anche dei pagamenti dei dividendi, perché ricevono azioni e opzioni assegnate.

Quindi, supponiamo che tu abbia un'azienda locale di successo che vende gelati e che sta pianificando di espandersi a livello nazionale. Hai bisogno di più capitale per raggiungere questo obiettivo, quindi ti connetti con gli investitori che investiranno nella tua azienda, ma vogliono la proprietà sotto forma di azioni.

La tua azienda diventerà pubblica e dopo 15 anni sarai stato in grado di espanderti a livello nazionale. La tua attività è a un punto in cui la crescita sta rallentando.

I tuoi investitori che hanno trattenuto queste azioni vogliono ricevere parte del loro denaro d'investimento. Quindi, decidi di pagare dividendi ai tuoi investitori, in modo che possano prendere il loro reddito da dividendo e investirlo in una nuova opportunità di business.

Tieni presente che non tutte le aziende pagano un dividendo, perché ogni azienda attraversa un ciclo di vita aziendale.

Business Life Cycle

Size

Start-up   Growth   Maturity   Decline

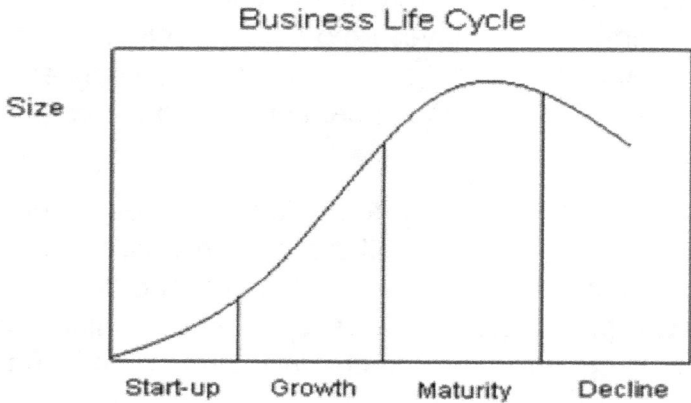

Un'azienda inizia come un'idea nella mente del creatore. È in questa fase di start-up che può avere vita da un piccolo gruppo di persone che lavorano insieme, dando appunto vita ad un'idea.

È anche a questo punto che gli investitori di capitale di rischio e gli investitori potevano vedere il potenziale del business.

Dopo aver districato tutti i nodi e aver appreso dai propri errori, l'azienda dovrebbe avere una base di clienti consolidati. Ora può entrare nella fase di crescita. In questa fase ci sono ancora molte difficoltà, è anche qui che una società potrebbe decidere di andare in pubblico ed emettere azioni ai potenziali azionisti.

Tutti i ricavi generati da un'azienda entrano di nuovo nel business per far crescere ulteriormente l'azienda, pensa a società come Snapchat.

Un'azienda alla fine raggiunge la fase di maturità dove è ben consolidata e leader nel suo settore. È in questo ciclo di fasi che la maggior parte delle aziende inizia a pagare dividendi ai propri shareholder, società come Walmart Clorox, Exxon Mobil e persino Johnson & Johnson.

Essere leader del mercato è fantastico, ma se le aziende non sono attente possono passare al ciclo di declino in cui i loro prodotti diventano obsoleti, come le immagini Walkman o Polaroid.

Alcuni dei pro dell'investimento in dividendi:

Sono stabili e coerenti più delle plusvalenze. Beneficiate del pagamento in liquidità e anche dell'aumento del prezzo delle azioni del titolo.

Poiché queste società sono viste come più stabili, tendono a ottenere risultati migliori durante il crollo del mercato azionario, perché gli investitori venderanno i loro titoli più rischiosi e guarderanno a società e obbligazioni più sicure e stabili in cui investire.

Puoi anche pianificare il tuo reddito da dividendo, che è più difficile da fare con le plusvalenze.

Un paio di contro dell'investimento in dividendi sono: le società che pagano un dividendo tendono ad apprezzarsi più lentamente in Borsa. Le aziende possono anche ridurre o addirittura smettere di pagare i dividendi se le società non crescono nemmeno con i dividendi stessi.

È quindi importante investire solo in grandi società che pagano dividendi, che non solo pagheranno con certezza, ma avranno anche le capacità finanziarie per far crescere questi dividendi ogni anno.

Diamo un'occhiata a quattro di queste aziende:

Numero uno: Walmart - questo gigante della vendita al dettaglio ha negozi in tutto il mondo, risparmiando denaro ai suoi clienti fornendo prodotti a prezzi competitivi. Ultimamente, si sono concentrati molto di più sulla loro presenza online. Hanno acquistato jet.com e una società di consegna per migliorare la loro consegna in giornata.

Numero due: Lowe's - il secondo più grande rivenditore di miglioramento della casa, ovviamente Home Depot è il numero uno. Lowe's ha fatto un ottimo lavoro nel loro campo, sono stati in grado di pagare un dividendo in costante crescita per oltre 50 anni!

Numero tre: McDonald's - gli archi dorati sono stati trascinati nel fango, specialmente con le giovani generazioni che si concentrano maggiormente su cibi e snack più sani. Tuttavia, McDonald's è ancora il ristorante fast-food numero uno e questo gigante paga un dividendo trimestrale.

E numero quattro: Fastenal - questa noiosa azienda fornisce strumenti e attrezzature per le aziende per creare prodotti, costruire e mantenere strutture e vende anche prodotti di sicurezza per il personale. Fastenal non solo ha un ottimo business, ma ha anche clienti abituali. Niente è più importante per un'azienda che avere clienti che tornano costantemente ad acquistare i suoi prodotti.

Capitolo Settimo: Il 90% degli Investitori Commette questi 5 Errori

Commettere un errore ti farà grattare la testa e pensare a ciò che hai fatto di sbagliato. Ma commettere ulteriori errori ti farà sicuramente arrabbiare.

Voglio evitare che ciò accada facendovi sapere quali sono i cinque errori comuni che gli investitori commettono, in modo da non replicarli.

Numero uno: i cosiddetti guru finanziari o del mercato azionario

Queste sono le cosiddette personalità che ti dicono cosa comprare e quando vendere. Potrebbero anche finire per urlare le loro previsioni.

Dovresti sempre essere cauto quando qualcuno ti dà consigli di investimento. A volte ci sono incentivi finanziari che entrano in gioco nel consigliarti cosa acquistare.

Metti sempre in discussione le informazioni che ricevi e che il tuo guru ha per determinati investments che ti sta lanciando nel loro portafoglio. I guru sanno come attingere alle paure e alle emozioni delle persone per farli agire.

Seguire la folla è anche molto rischioso. Invece di seguire un guru stai seguendo tutti gli altri. Quindi, se ci sono membri della famiglia o anche colleghi al lavoro che ti diranno cosa comprare e vendere, li ascolti senza nemmeno prima fare la tua ricerca.

Questo è molto pericoloso ed è così che le persone perdono i loro soldi, ascoltando consigli a caldo.

Non devi seguire la folla, perché può facilmente influenzarti e agiscono sulle emozioni solo quando si tratta di investire nel mercato azionario. La mandria non è logica, di sorta, e seguono solo le ultime tendenze sperando di affermarsi rapidamente.

Numero 2: non essere pazienti e aspettarsi immediatamente ricchezza

Le persone investono in Borsa per arricchirsi, risparmiare per andare in pensione o mantenere la ricchezza che hanno accumulato. Essere impazienti e aspettarsi risultati troppo presto ti lascerà deluso e propenso a commettere errori.

Ognuno di noi ha sentito storie di investitori che fanno milioni con piccoli investimenti. La maggior parte di queste storie sono anomale perché la stragrande maggioranza degli investitori deve investire a lungo termine per vedere significativi guadagni nei loro investimenti.

Certo, è possibile fare un sacco di soldi velocemente, ma anche questo è molto rischioso. Maggiore è il rischio nel tuo investimento, maggiore potrebbe essere la ricompensa potenziale, ma potrebbe anche essere la tua perdita.

Numero 3: non godersi il processo di investimento

Non è necessario essere appassionati di investimenti per farlo funzionare a tuo favore, ma devi avere un certo interesse a investire. Se il pensiero di fare la tua due diligence per decidere in quali società investire non suscita il tuo interesse, allora è meglio investire passivamente che sta investendo in fondi comuni di investimento, ETF o fondi indicizzati.

Non c'è assolutamente nulla di sbagliato nell'essere un investitore passivo ed è anche raccomandato per gli investitori all'inizio.

È così che ho iniziato, investendo in fondi comuni di investimento, obbligazioni e fondi indicizzati. Ho imparato rapidamente che investire non era troppo difficile e ho pensato che fosse un po' interessante. Sono poi passato dall'essere un investitore passivo ad essere attivo, ricercando singole aziende in cui voglio investire, acquistandole quando sono sottovalutate e assicurandomi che la mia allocazione sia sempre aggiornata.

Numero quattro, rinuncia troppo presto sul mercato

Molti di noi hanno avuto una brutta esperienza con il mercato o conoscono qualcuno che l'ha fatto.

I crolli del mercato azionario si verificano troppo frequentemente, lasciando gli investitori delusi, frustrati e stressati.

Molti investitori vengono anche truffati nell'investire in società dubbie, che finiscono per crollare in Borsa. Come mio padre, che è stato contattato da una società di investimento per investire in questo particolare fondo comune di investimento pronto per la crescita.

Finì per perdere tutti i suoi soldi e giurò di non investire mai più. Fortunatamente, sono stato in grado di mostrargli l'errore dei suoi modi ed è diventato un avido investitore. Devo rallentarlo dal non acquistare troppe azioni, soprattutto quando sono sopravvalutate.

Se sei pronto a rinunciare, **NON farlo!** Cerca di capire cosa hai fatto di sbagliato e chiedi aiuto se necessario. Il mercato azionario è ancora uno dei modi migliori per costruire ricchezza.

Numero 5: Buttarsi a capofitto senza obiettivi

Gli obiettivi sono la tua ricetta per il successo. Senza una mappa, non sarai mai in grado di raggiungere la tua destinazione. Immagina di viaggiare dal Kansas a New York senza una mappa. Avrai un'esperienza di viaggio molto più piacevole con la tua mappa alla tua portata.

Questo vale anche per gli investimenti. Devi avere un obiettivo. Hai intenzione di fare trading giornaliero per vivere? O vuoi investire in azioni piccole? Forse stai investendo in un arco temporale di 10 anni.

Queste cose influenzeranno la tua strategia di investimento. Va bene iniziare e testare le acque senza un piano all'inizio. Ma scopri rapidamente che hai bisogno di un obiettivo a lungo termine che avrà un impatto importante sulla tua allocazione delle risorse.

Capitolo Ottavo: Cinque bugie che ti hanno detto sigli Investimenti

Ci sono molte bugie dette sugli investimenti. Alcune di queste bugie sono inconsce. Le persone sono state magari truffate perché la persona a cui hanno mentito non sa niente di più o ha fallito in primis con i propri investimenti.

Altre persone ci sono riuscite e non vogliono vederti raggiungere i tuoi obiettivi. Quindi in questo momento, sfateremo 5 bugie che ti sono state dette sugli investimenti.

Numero uno: devi essere un milionario o avere un sacco di soldi per iniziare a investire

Questo non è affatto vero al giorno d'oggi. Sì, in passato i mercati azionari erano solo per ricchi e benestanti, ma le porte sono state aperte a noi gente comune molto tempo fa.

Con l'aiuto di Internet investire il mercato azionario è molto più accessibile ora. Puoi acquistare e vendere azioni comodamente dal tuo soggiorno o dalla tua camera da letto. I broker di sconti hanno anche reso molto conveniente acquistare e vendere azioni. In precedenza, dovevi pagare centinaia di dollari solo per acquistare o vendere azioni. Ora la tua commissione può essere bassa fino a $ 4.99 o anche gratuita se stai utilizzando un'applicazione come **Robinhood**.

Inoltre, non hai bisogno di migliaia di dollari per acquistare azioni. Puoi iniziare semplicemente acquistando un'azione in una società come Coca-Cola, che ha un prezzo delle azioni di $ 46 in questo momento.

È anche meglio iniziare con poco rispetto all'investimento di $ 1 milione fin dall'inizio. La ragione di ciò è che con piccole quantità di denaro puoi sperimentare e divertirti mentre stai imparando i dettagli del mercato.

Immagina la tua prima volta investendo con $ 1 milione; probabilmente saresti cosi spaventato o cauto con i soldi sperando di non perdere un solo centesimo sul mercato.

Numero 2: Non ne ho abbastanza o non faccio abbastanza soldi per iniziare a investire

Ora, questo è un seguito dell'ultima bugia. Qualsiasi piccola somma di denaro che puoi mettere da parte ti aiuterà, anche se è solo $ 10 a settimana. Questi 10 dollari si sommano a $ 520 entro la fine dell'anno e puoi iniziare a investire con $ 520. Inizia a risparmiare per investire ora e il tuo io futuro ti ringrazierà.

Guarda dove potresti risparmiare un paio di dollari durante la settimana. Potrebbe significare mangiare meno durante la settimana o una volta in meno a Starbucks a settimana. Questo è se ti piace Starbucks, naturalmente.

Un cambio di mentalità farà miracoli. Invece di dire che non ho $ 10 da risparmiare, cambialo in come posso risparmiare $ 10 a settimana? Prenderai a calci il tuo subconscio a testa alta e prima di saperlo finirai per risparmiare anche più di soli $ 10 a settimana.

Numero 3: investire ora a lungo termine il mercato ha sempre visto un rendimento del 7%

Il numero tre è complicato. Sentirete consulenti finanziari e persino persone nei media dire questo. Il motivo per cui devi stare attento a questo è che il futuro è imprevedibile.

Nessuno può prevedere cosa farà o restituirà il mercato in un dato anno. Se l'anno scorso il mercato è uscito del 10 per cento, ciò non significa che in futuro salirà di un altro 10 per cento. D'altra parte, tuttavia, rimanere in disparte, perché non sai cosa farà il mercato è rischioso di per sé.

Le persone di solito parlano di rendimenti a lungo termine per alleviare la tua mente e farti investire. Se rimani in disparte non solo i tuoi soldi non cresceranno, ma perderanno il loro potere d'acquisto a causa dell'inflazione annua.

Numero quattro: non investo perché il mercato azionario è troppo rischioso

Questo fa ottimamente seguito alla bugia del punto 3. Sì, se non hai almeno alcune conoscenze di base sull'investimento, allora sarà troppo rischioso, ma con l'aiuto di pianificatori finanziari e consulenti, non c'è bisogno di avere paura. Inoltre, molti investitori fanno almeno un po' di auto-educazione leggendo libri di investimento e ascoltando alcuni audiolibri.

Tieni presente che c'è un rischio coinvolto in tutto ciò che fai. Se non vuoi investire e piuttosto tenere i soldi sotto il materasso, ti stai aprendo a ladri, incendi domestici o persino al tuo cane che potrebbero finire per mangiare o distruggere i tuoi soldi.

Se pensi che lasciare i tuoi soldi in banca o sul tuo conto di risparmio sia la strada da percorrere, pensaci di nuovo. Con il misero 1% or in meno di interessi che guadagni, il potere d'acquisto dei tuoi soldi viene divorato dall'inflazione.

Se in media l'inflazione è del 3% all'anno, $ 1 oggi vale il 3% in meno l'anno prossimo, quindi $ 0,97.

Numero 5: Devi essere un esperto per iniziare a investire

Hai davvero bisogno di avere alcune conoscenze di base su come funziona il mercato azionario, ma non devi essere Warren Buffett per iniziare. Ottieni la tua istruzione leggendo libri (questo è un ottimo inizio).

Una volta che hai costruito la tua fiducia, puoi iniziare investendo una piccola somma di denaro. Soldi che non ti danneggerebbero troppo se li perdessi. Investendo un po' dell'importo, ti prepari psicologicamente per la crescita, perché una volta che vedrai crescere le tue risorse, genererà in te la fiducia e conoscenza per investire di più, in modo responsabile, ovviamente.

Spero di essere stato in grado di motivarti sfatando alcuni dei miti più comuni che sento spesso dire agli investitori desiderosi.

Capitolo Nono: 25 Suggerimenti per Investire nel Mercato Azionario

Prima di iniziare a investire, potresti avere un paio di domande o dubbi. Ho elencato 25 delle cose più comuni che ho annotato per i nuovi investitori e come prepararti al successo. Iniziamo!

Scrivi I tuoi Obiettivi

Se non sai dove stai andando, non c'è nemmeno bisogno di iniziare. Assicurati di annotare i tuoi obiettivi di investimento e di essere specifico con la sequenza temporale.

Vuoi avere $ 500k nel tuo conto pensionistico in 15 anni? O vuoi avere 1 milione di dollari in 10 anni?

Quale sarà la vostra strategia di investimento per acquisire questa ricchezza? E come sarà il tuo mix di titoli di portafoglio? Il tuo portafoglio sarà composto per il 70% da azioni, per il 25% da obbligazioni e per il 5% da contanti?

Scrivere i tuoi obiettivi ti darà un quadro più chiaro di ciò che vuoi realizzare e come farlo.

Inizia presto ad investire

Prima inizi a investire, più velocemente non solo i tuoi soldi cresceranno, ma sarai anche in grado di andare in pensione più velocemente (a seconda del tuo obiettivo finanziario).

Quanto presto dovresti iniziare? Quando avrai il tuo primo lavoro. Non importa se si tratta di un lavoro al dettaglio o di cameriere in un ristorante. Devi prendere l'abitudine di pensare al tuo futuro ora e mettere da parte i soldi da investire, in modo da non dover lavorare per il resto della tua vita.

Iniziare il tuo viaggio di investimento in una fase iniziale della tua vita ha anche il vantaggio di vedere come cresce il tuo denaro, il che ti darà la sicurezza di investire ancora di più.

L'inflazione divora i tuoi soldi

Potresti astenerti dall'investire nel mercato azionario perché hai sentito quanto possa essere rischioso e quante persone ci abbiano rimesso parecchio denaro.

Ma anche tenere i tuoi soldi sotto il materasso o anche in un conto di risparmio è molto rischioso, a causa dell'inflazione.

L'inflazione è l'aumento del costo dei beni che riduce il valore del denaro. Una barretta di cioccolato oggi potrebbe costare $ 1, ma l'anno prossimo potrebbe costare $ 1,05. Quindi lo stesso dollaro che avete oggi è inutile in futuro perché ha un **potere d'acquisto** inferiore.

Il mercato azionario consente ai tuoi soldi non solo di mantenere il suo potere d'acquisto, ma può anche far crescere il tuo denaro più velocemente dell'inflazione.

Fai le tue ricerche

Non è solo buono ma necessario fare la tua ricerca per vedere in quali società e aziende stai investendo in Borsa. Quasi tutto ciò che devi sapere su diversi titoli, obbligazioni e fondi comuni di investimento può essere trovato gratuitamente su Internet. Mi asterrei dal pagare denaro per ottenere informazioni sul mercato azionario.

L'ultima cosa che vuoi è investire in una truffa o in una società che sta perdendo denaro e non facendo profitti, il che potrebbe far perdere denaro a lungo termine. Questo accade a molti investitori ignari.

Per iniziare a fare la tua ricerca, tutto ciò di cui hai bisogno è il simbolo del tuo investimento per iniziare. Un simbolo rappresenti l'abbreviazione della società, del fondo comune di investimento, del fondo indicizzato, dell'obbligazione, ecc., in Borsa. Puoi quindi utilizzare un sito come Morningstar.com fare le tue ricerche.

Crea le tue regole

Le buone regole nell'investimento ti danno dei limiti entro i quali lavorare. Se hai una regola per non investire in nessuna azienda senza prima fare qualche ricerca su di essa, ti risparmierai parecchi mal di testa.

Le buone regole ti danno un livello di fiducia quando investi. Ti dà quella spinta in più quando sei titubante quando acquisti nuove azioni o investimenti. Ti danno struttura e un progetto a cui attenerti.

Puoi iniziare con regole semplici e aggiungere regole più complesse una volta che hai più esperienza con gli investimenti.

Esempio di regole:

Il 60% del mio portafoglio di investimenti sarà costituito da azioni.

Investirò solo in società che sono state in grado di aumentare i loro guadagni di almeno il 5 % negli ultimi dieci anni.

Riequilibrerò il mio portafoglio ogni anno.

Non Ascoltare Chiunque

Diffida di chi dispensa consigli. Alcune persone, soprattutto nei mezzi di comunicazione, ricevono incentivi finanziari per dirti in cosa investire.

Inoltre, la famiglia e gli amici potrebbero darti cattivi consigli di investimento se hanno sentito parlare di una "manciata di azioni bollenti" a lavoro senza prima fare alcuna ricerca.

Tieni presente che solo perché hai sentito parlare di un'azienda popolare o utilizzare i suoi prodotti non significa che sia necessariamente un buon investimento.

Molte società quotate in borsa non girano mai un profitto. Una società popolare, come Tesla che commercia in Borsa con il simbolo TSLA, non è ancora redditizia. Anche se sta portando una quantità crescente di entrate, il suo reddito netto è ancora in rosso.

Educa te stesso costantemente

Mi sono sempre detto che se non sei istruito su un argomento come gli investimenti, allora le persone probabilmente trarranno vantaggio da te. È molto facile impostare un conto di investimento con una grande banca o anche un conto pensionistico al tuo lavoro. Ma dovresti sapere quali sono le tue opzioni di investimento, in cosa investirai e in quali tipi di commissioni pagherai.

Risparmiare nella riduzione delle commissioni potrebbe finire per costarti migliaia o addirittura centinaia di migliaia di dollari durante il tuo viaggio negli investimenti.

Dovresti anche avere una conoscenza base di come funzionano azioni, obbligazioni, fondi comuni di investimento, fondi indicizzati e altri veicoli di investimento. Vedi tre esempi qui sotto.

Quando acquisti un titolo o un'azione, stai acquistando la proprietà in una società. Grandi aziende come Apple, hanno azioni in circolazione intorno al miliardo. Quindi, quando acquisti solo una o due azioni, possiedi solo una porzione molto piccolo della società.

Le obbligazioni sono come le IOU che una società o un ente governativo ti dà dopo aver acquistato l'obbligazione. Quando acquisti un'obbligazione, stai entrando in un contratto legale che afferma che non solo riceverai indietro il tuo capitale, ma riceverai anche frequenti pagamenti di interessi.

Un fondo comune di investimento è un fondo che mette in comune diversi investitori, investendo in una varietà di titoli.

Cerca di avere qualcosa da parte

Risparmia sempre un po' di soldi per le emergenze. Non investire mai tutti i tuoi soldi. C'è sempre il rischio che tu possa perdere tutti i tuoi soldi investiti.

Assicurati di avere un po' di soldi risparmiati per le emergenze, l'affitto, l'intrattenimento / cibo, per avviare la tua attività e il college.

Non dimenticare che la vita non è prevedibile, la tua auto potrebbe rompersi o potresti entrare in un incidente che ti costa molto in spese mediche. Non si può mai sapere, ma per essere preparati si possono mettere da parte dei soldi.

Diversifica I tuoi Investimenti

Non investire tutti i tuoi soldi guadagnati duramente in un'unica società. Questo è estremamente rischioso a meno che tu non sia un risk-taker (grande rischio, grande ricompensa).

Assicurati che il denaro che investi sia diversificato, il che significa che non hai tutti i tuoi soldi investiti in un'unica società. Un fondo comune di investimento potrebbe essere una buona soluzione alternativa.

I fondi comuni ti consentono di mettere in comune i tuoi soldi con altri investitori e investirlo in una varietà di titoli.

Circa dieci o due anni fa c'era una società chiamata Enron che è fallita dopo che è stato scoperto che la società stava mentendo sui loro guadagni e profitti. Molti dipendenti della Enron avevano investito tutti i loro soldi della pensione. Quando la Enron fallì, molti dipendenti finirono per perdere anche il loro reddito pensionistico. Immagina di avere circa 50 anni e che tutto il tuo investimento vada in fumo.

Ecco perché è sempre intelligente diversificare.

Non essere Emotivo

Investire può essere un giro sulle montagne russe emotivo letteralmente. Il quotidiano su e giù del mercato azionario può facilmente farti impazzire. Un modo per superare questa paura è investire in ciò di cui ti fidi.

Questa fiducia viene con conoscenza, pazienza e tempo. Sapere e accettare che investire ha un rischio associato ad esso e potresti perdere denaro ti prepara mentalmente a qualsiasi movimento che potresti vedere in Borsa.

Non affidarti alla fortuna e ai miracoli

Se guardi al mercato azionario come al tuo modo di diventare ricco velocemente, allora potresti essere all'altezza del fallimento. Non fraintendermi, è possibile prendere 10.000 dollari, investirli e trasformarli in milioni perché è già stato fatto in passato.

Ma questa strategia di investimento è estremamente rischiosa e la maggior parte delle persone è meglio preparata per gestire mentalmente il processo più lungo e lento per diventare ricchi.

Supponi che tu possa perdere tutto

Se posso perdere tutto, perché dovrei investire in primo luogo? Bene, c'è un motivo per cui ho aggiunto questo suggerimento. Prima di tutto, non dovresti avere tutti i tuoi soldi in borsa.

Quando sei più giovane puoi correre più rischi, perché puoi riprenderti dalle perdite subite. Ma quando sei vicino all'età del pensionamento, dovresti pensare di investire in titoli più conservatori che potrebbero non aumentare di valore con la rapidità delle azioni, ma impediranno ai tuoi soldi di esaurirsi.

Due di questi titoli sono obbligazioni e rendite.

Avere qualcosa in più

Oltre ad avere un lavoro o una carriera e i tuoi investimenti, cos'altro stai facendo per portare a casa qualche soldo in più? Nella società odierna la sicurezza del posto di lavoro è ai minimi storici e molte persone sono disoccupate o lavorano a tempo pieno per pagare le bollette.

È a tuo vantaggio avere alcuni flussi di denaro aggiuntivi. Potresti lavorare part-time per guadagnare qualcosa in più, ma quello a cui dovresti pensare sono proprietà di investimento, azioni di dividendi, royalties (ad esempio, dalle vendite di libri) e la tua attività.

Se hai una passione, come la fotografia, il disegno o l'editing video, potresti fare un lavoro freelance sul lato e possibilmente trasformarlo in un'impresa a tempo pieno. Tieni sempre gli occhi aperti per le opportunità.

Il miglior momento per iniziare è adesso

Ricevo sempre lamentele da parte degli anziani che hanno perso il treno e sono troppo vecchi per iniziare a investire. Questo non è affatto vero, non importa se hai 20 o 50 anni, è molto importante investire, anche se inizi con una piccola quantità di denaro.

C'è sempre l'opportunità di fare buoni soldi in borsa. Tuttavia, ciò non significa che dovresti iniziare a fare trading giornaliero con il denaro che hai investito se sei più anziano o per "recuperare". Questa è solo una ricetta per il disastro, poiché sarai troppo coinvolto emotivamente per fare le giuste scelte di trading.

Investimento dei Dividendi

Ti svelerò un piccolo segreto. Investo solo in società che pagano dividendi che aumentano i loro dividendi più velocemente dell'inflazione.

I dividendi sono gli utili che una società paga ai suoi azionisti. Ora, per ottenere un dividendo, è necessario possedere almeno un titolo in una società che paga dividendi.

Questi dividendi non solo aumentano la mia ricchezza nel tempo, ma mi danno anche tranquillità, per via del loro flusso costante di reddito.

Non solo mi piacciono i dividendi, ma vedo anche i miei titoli aumentare di valore. Ora, compro queste azioni solo quando sono **sottovalutate**, il che significa che sono in trading sotto il loro valore di mercato.

Esempi: Realty Income, McDonalds, TROWE Price

Investimenti in crescita

Un investitore in crescita è un investitore a cui piace comprare al ribasso e vedere crescere i propri investimenti. Alla fine vendono ad un prezzo più alto di quello per cui hanno acquistato il loro investimento. La maggior parte degli investitori sono investitori in crescita.

I titoli tecnologici sono buoni titoli da tenere d'occhio perché tendono ad aumentare di valore molto velocemente.

Esempi: Facebook, Oracle, Microsoft

Inizia con Poco

Una lamentela che sento è che la gente mi dice, "Se solo avessi solo milione di dollari potrei iniziare a investire."

Non solo questo non è vero, perché puoi iniziare a investire con $ 10, ma si consiglia anche di iniziare con poco.

Il motivo principale per iniziare con piccole somme è quello di sentirsi sereni con gli investimenti. Se hai iniziato investendo solo diciamo $ 100 e vedi i tuoi soldi costantemente salire e scendere, è divertente guardare le tue prestazioni di investimento ogni giorno.

Inizierai anche a guadagnare la fiducia e la conoscenza per investire in modo più intelligente, il che ti porterà a investire importi maggiori.

Ora, diamo un'occhiata dall'altra parte. Diciamo che hai ereditato 1 milione di dollari e hai il compito di investire questi soldi. Non hai mai investito prima perché ti sei sempre detto che avevi bisogno di più soldi e ora finalmente ce l'hai.

Indovina un po', avrai troppa paura di investire un milione di dollari. Non hai l'esperienza e le conoscenze.

Se hai iniziato a investire piccole somme per anni e improvvisamente hai depositato questo milione di dollari sul tuo conto, avrai la sicurezza di investire questo importo, perché hai già visto cosa funziona e cosa no mentre investivi piccole somme.

Vivi la tua Vita

Non lasciare mai che il mercato azionario controlli la tua vita quotidiana. I rialzi e i ribassi giornalieri del mercato colpiscono molti investitori. Quando il mercato è a buoni livelli, gli investitori si sentono bene, vanno a lavorare di buon umore e vanno a dormire con una mente chiara.

Ma quando il mercato è insediato, molti investitori si sentono come se fossero appena stati presi a calci nello stomaco. Sono tristi, arrabbiati, irritati e di pessimo umore.

Inoltre, non diventare così frugale da voler solo investire tutto il denaro in borsa per sapere che vivrai una vita serena quando sarai in pensione.

Se vuoi andare in vacanza o comprarti qualcosa di carino, vai avanti e fallo.

Attieniti a ciò che ti fa sentire a tuo agio

Ognuno di noi ha la propria zona comfort quando si tratta di investimenti. Alcune persone sono amanti del rischio e farebbero bene a investire in titoli di basso valore o giornalieri. Altri investitori sono più conservatori e preferiscono investire in titoli che non sono troppo rischiosi e che consentono loro di preservare la loro ricchezza.

Attieniti sempre a ciò che è adatto a te. Se non ti piace analizzare e scegliere singoli titoli in cui investire, probabilmente è meglio investire in fondi comuni di investimento o fondi indicizzati.

Se sei una persona che preferisce non investire da solo e ha bisogno di aiuto, una società di investimento che offre un servizio di intermediazione completo è probabilmente la migliore soluzione per te.

Assicurati solo di spingerti sempre a saperne di più sugli investimenti, perché alla fine questo è il tuo denaro e tu stesso sei responsabile della tua pensione.

Divertiti

Sarò il primo a dirti che investire può diventare piuttosto noioso e poco interessante. Ad alcune persone non piace analizzare le aziende e guardare i numeri finanziari.

Dovresti cercare di capire cosa ti piace più di investire e affinarti su questo aspetto specifico.

Forse ti piace vedere accrescere il tuo patrimonio o forse ti piace vedere il tuo reddito da dividendo aumentare mese dopo mese, potresti anche volere altri modi per fare soldi come vendere a breve termine o fare trading di opzioni. Qualunque cosa sia, cerca di divertirti con gli investimenti.

Utilizza la Tecnologia a tuo Vantaggio

Siamo molto fortunati a poter utilizzare i nostri laptop o anche un piccolo dispositivo come il nostro telefono cellulare per fare investimenti o per ricercare azioni. Il progresso della tecnologia ha anche reso molto conveniente e veloce l'acquisto di titoli.

Ciò significa che puoi scambiare azioni indipendentemente da dove ti trovi nel mondo. Tutto ciò di cui hai bisogno è una connessione internet.

Ai vecchi tempi, avresti dovuto chiamare il tuo broker e pagare una commissione molto alta da mettere in conto. Al giorno d'oggi hai app, come Robinhood, che sono senza commissioni.

Inoltre, non è necessario registrarsi per un conto di intermediazione completo. Puoi scegliere un broker meno costoso, come Ally.com che ha basse commissioni di trading.

Studia I Grandi

Warren Buffett, Benjamin Graham, Charlie Munger? Assicurati di leggere libri sugli investimenti miliardari, su come hanno accumulato tutta la loro ricchezza e su cosa fanno per mantenerla.

Questo ti porterà nella mentalità di come i ricchi pensano e si gestiscono da soli. Ti farà capire anche come alcuni hanno trasformato piccole quantità di denaro in una grande ricchezza. A tutti piacciono le storie dalla povertà alla ricchezza.

Non Innamorarti dei tuoi Investimenti

Ogni investimento sarà venduto se non sta funzionando come dovrebbe. Questa è una delle mie regole. Non confondo i miei sentimenti personali con gli investimenti.

È divertente dire alla tua famiglia e ai tuoi amici che possiedi azioni Disney o persino Pepsi, ma se queste azioni non mi fanno guadagnare, finirò per venderli.

Ecco perché mi piace analizzare i dati finanziari di un'azienda (rapporti annuali), per vedere se sono ancora finanziariamente solidi.

Conosci in cosa stai investendo

Prima di seguire i consigli di chiunque, specialmente da parte di qualsiasi pianificatore finanziario, assicurati di sapere in cosa stai investendo. Ci sono molti truffatori là fuori che non aspettano altro di trovare una persona all'oscuro di cui possono approfittare usando alcuni termini del settore o conoscenze sull'argomento.

Se stai investendo in un fondo comune di investimento o anche in un ETF, assicurati di ottenere il simbolo di conferma di questa entità per fare qualche ricerca sulle società in cui stai investendo.

Ad alcuni investitori non piace investire in società di armi o prigioni, ma se stai investendo in fondi indicizzati popolari, è più che probabile che tu investa anche in queste istituzioni. Inoltre, se un'azienda non si sta comportando eticamente, vuoi comunque investire su di loro?

Infrangi le Regole

Ti ho appena detto di creare le tue regole e ora ti sto già dicendo di infrangerle? Sì, ed ecco perché. Dovresti sempre sperimentare la tua strategia di investimento. È bene avere delle regole, ma di tanto in tanto potresti doverle infrangere.

Investire dovrebbe essere divertente e se sei attaccato a regole rigide, potrebbe diventare noioso molto rapidamente. Il trucco è infrangere le regole, ma correre piccoli rischi.

Ad esempio, vuoi iniziare a investire in criptovaluta, ma hai una regola per non investire in titoli ad alto rischio.

Hai la sensazione di fare bene con questo investimento. Vai avanti e acquista una piccola quantità di criptovaluta. Non usare tutto il capitale tutto e spendi il 50% del tuo portafoglio per acquistare questa valuta.

Condividi il tuo Sapere

Una volta che hai una certa conoscenza investendo nel mercato azionario, hai le tue regole d'oro e sei fiducioso nelle tue capacità di investimento, dovresti condividere le tue conoscenze con gli altri.

Puoi iniziare educando la tua famiglia e i tuoi amici a metterli a loro agio con gli investimenti.

Sorprendentemente, ci sono molte idee sbagliate sull'investimento e molte persone sono state segnate più volte investendo in azioni sbagliate. Questo di solito finisce per spaventarli a vita e non metteranno più mano ad alcun investimento.

È qui che puoi entrare in gioco e mostrare loro come hai investito con successo.

Credimi, è bello essere in grado di aiutare un membro della famiglia e garantire il loro futuro finanziario. Parlare con le persone della tua esperienza con gli investimenti ti permetterà anche di incontrare investitori che la pensano allo stesso modo che porterà le tue capacità di investimento al livello successivo.

Risorse

Di seguito è riportato un elenco di fonti Internet gratuite che è possibile utilizzare per la ricerca:

Morningstar.com

Gurufocus.com

StockCharts.com

Finviz.com

Finance.Yahoo.com

Google.com/Finance

Keep in mind just to use the free version.

Capitolo Decimo: Idee sul Reddito Residuo (capitolo bonus)

Diamo un'occhiata a tre metodi per ottenere un reddito residuo che ti farà salire alle stelle verso la libertà finanziaria.

Se muori dalla voglia di lasciare il tuo lavoro, vivere la vita che meriti o semplicemente vuoi avere più libertà di fare quello che vuoi, allora ti piacerà questo capitolo. Il reddito residuo è il reddito generato passivamente. Quindi, il denaro continua ad andare verso la tua strada, non importa se non lavori o addirittura dormi.

Non ti mentirò e dicendoti che è facile ottenere una configurazione del flusso di reddito residuo, ma ne vale la pena. Poiché una volta configurata questa impostazione del flusso di reddito residuo , è necessario mantenerla solo passivamente.

Business Online

Il primo metodo per realizzare un reddito residuo è gestire un'attività online. Questa può generare reddito con gli annunci di un blog o dal tuo canale YouTube. Puoi anche impostare il tuo sito di e-commerce o vendere prodotti di altre aziende e ottenere una commissione, che è anche chiamata marketing di affiliazione.

Un altro modo popolare per realizzare un reddito residuo è quello di ricevere assegni di royalty vendendo libri fisici, e-Book, musica o foto. Anche se puoi fare soldi con queste idee, c'è molta concorrenza, perché le società online sono molto popolari e le persone sottovalutano quanto sia difficile fare una discreta quantità di denaro da queste idee.

Con tutta la concorrenza significa anche che i mercati online sono inondati di prodotti e servizi mediocri. Quindi, anche se vieni sulla scena con il miglior prodotto sul mercato, non ti distinguerai. E' qui che diventa fondamentale pubblicizzare bene i tuoi prodotti o servizi per essere al vertice su tutti gli altri prodotti mediocri e diventare il leader nel tuo settore.

Vorrei sottolineare che avere un prodotto o un servizio da solo è solo la metà del lavoro. Devi anche ottenere visibilità dalla pubblicità, che si tratti di social media marketing, PPC marketing o passaparola, sta a te.

È sempre bene fare un'analisi competitiva e vedere come la tua concorrenza sta promuovendo i loro prodotti.

Un altro problema con le aziende online è la longevità. Molte di queste aziende possono essere qui oggi e non esserci più domani perché la concorrenza ti ha appena spinto fuori dal mercato, i tuoi prodotti o servizi sono diventati obsoleti o non sei stato in grado di tenere il passo con i cambiamenti tecnologici o pubblicitari, non permettendoti di ottenere tutta l'esposizione necessaria per rimanere rilevante. Quindi, non è qualcosa che puoi impostare e dimenticare, ma piuttosto da mantenere costantemente.

Tutto ciò che non è considerato passivo l'ho lasciato fuori dalla lista. Quindi, il freelance e la consulenza funzionano solo mentre sei fisicamente presente, in caso contrario non sarai pagato. Ciò vanifica lo scopo di realizzare entrate residue.

Immobiliare

Il secondo modo per realizzare un reddito residuo è attraverso gli immobili. Non sto parlando di compravendita di case in quanto ci vorrebbe troppo lavoro per comprare e vendere. Inoltre, non sarebbe passivo.

L'attenzione dovrebbe concentrarsi sugli immobili a reddito che confluiscono in cassa. Ciò significa che dopo tutte le spese contabili, dovresti ottenere un buon profitto netto.

I tuoi inquilini ti pagano l'affitto mensilmente. Con questi pagamenti di affitto, paghi l'ipoteca (se presente), l'assicurazione sulla casa, le tasse, le spese in conto capitale, ecc. Se acquisti nella posizione giusta assumi il giusto gestore immobiliare ed esegui i tuoi numeri, puoi avere un bel reddito stabile.

Non interpellerai la banca semplicemente acquistando un immobile all'inizio anche perchè più proprietà acquisterai prendendo un mutuo e più aumenterà l'importo del tuo debito. Questo accumulo di debito ostacolerà anche il tuo processo di approvazione per prestiti successivi.

È qui che devi essere creativo con il finanziamento dei tuoi acquisti. I prestiti di privati o i prestatori di portafoglio potrebbero essere due opzioni da provare.

I pagamenti degli affitti ti consentono di generare reddito residuo e più proprietà possiedi più alto potrebbe essere il tuo reddito residuo.

Ci sono anche molti benefici fiscali associati agli affari immobiliari. Questo non è un metodo particolarmente veloce per il reddito residuo, ma è stabile e cresce bene con ogni proprietà aggiuntiva. Molti milionari devono le loro ricchezze al settore immobiliare, dando loro anche la flessibilità e la libertà di viaggiare ed essere il capo di sé stessi.

Un ottimo modo per iniziare è acquistare case unifamiliari, duplex, triplex o quadri camere. Questi sono considerevolmente più economici dei complessi immobiliari o di appartamenti commerciali.

Puoi iniziare con gli immobili residenziali o provare il franchising e immobili commerciali una volta che hai le competenze e le somme risparmiate.

Azioni che pagano dividendi

Ecco il terzo metodo, e se avete prestato attenzione al mio libro saprete di cosa si tratta: realizzare reddito residuo attraverso azioni che pagano dividendi.

C'è un gruppo di società che paga parte del loro reddito netto come dividendo agli azionisti. Tuttavia, non tutte queste aziende meritano di essere oggetto di investimenti. Quindi, l'analisi delle prestazioni di un'azienda è altamente raccomandata.

Il bello di investire per i dividendi è che stai creando un bel flusso di reddito residuo che dovrebbe crescere più velocemente dell'inflazione. Le società aumentano i loro pagamenti di dividendi e acquistando costantemente le giuste azioni e reinvestendo tali dividendi per acquistare azioni intere o parziali, supererai il tuo reddito da dividendo.

Tieni presente che dovrai pagare le tasse sul tuo reddito da dividendo a seconda del tipo di conto di investimento che stai utilizzando.

È anche molto facile iniziare perché non è necessario avere un sacco di soldi. Puoi iniziare semplicemente acquistando una quota di una società che paga dividendi.

Molte delle persone più ricche del mondo hanno società che pagano dividendi nel loro portafoglio. Gente come Warren Buffett, Charlie Munger e persino Bill Gates.

Ora, gli ultimi due metodi per fare reddito residuo, immobiliare e investire, io li chiamo vecchi guadagni, perché sono stati i pilastri per generare e mantenere la ricchezza.

Le aziende online, tuttavia, possono essere difficili. Un mese potresti fare un sacco di soldi, ma il mese successivo potrebbe essere l'esatto contrario. Se volessi giocare in modo intelligente e sicuro, dovresti diversificare i tuoi flussi di reddito, in modo da avere denaro proveniente da diverse fonti.

Capitolo Undicesimo: Conclusione

Come principiante, investire nel mercato azionario può essere piuttosto scoraggiante, quindi non arrenderti se ti senti come se ti fossi perso. Ci sono passato e anche gli investitori di successo si sono sentiti così quando hanno acquistato le loro prime azioni. Una volta fatto quel salto di fede sarà più facile.

È anche meglio iniziare a investire con una piccola quantità di denaro e monitorare i tuoi risultati. Il risultato darà la fiducia e la motivazione per andare avanti. Una volta che hai una certa esperienza, puoi iniziare a correre maggiori rischi calcolati.

Come sempre, devi educare costantemente te stesso, altrimenti commetterai errori. Ma solo il semplice fatto che tu sia arrivato fin qui, mi dice che sei disposto a fare ciò che è necessario per migliorare il tuo futuro finanziario.

Hai quello che serve per avere successo e prenderti cura del tuo futuro con fiducia.

Grazie

Vorrei ringraziarti dal profondo del cuore per aver intrapreso con me questo viaggio sugli investimenti. Ci sono molti libri che trattano di investimenti là fuori, eppure, la tua decisione di dare una possibilità è ricaduta proprio sul mio libro.

Se ti è piaciuto, allora ho bisogno del tuo aiuto!

Ritagliati un momento per lasciare una recensione onesta su questo libro. Il tuo parere mi aiuterà a capire i tipi di libri e gli argomenti che i lettori vogliono leggere e darà anche al mio libro più visibilità.

Lasciare una recensione richiede meno di un minuto ed è un gesto molto apprezzato.

www.ingramcontent.com/pod-product-compliance
Lightning Source LLC
Chambersburg PA
CBHW071442210326
41597CB00020B/3913